우리시사랑시선 6

심호흡하며 읽는 시

신세호 시집

우리시사랑시선 6

심호흡하며 읽는 시

인쇄 · 2025년 9월 1일 | 발행 · 2025년 9월 10일

지은이 · 신세호
펴낸이 · 윤재식
펴낸곳 · 우시모북스
등록 · 2019년 10월 8일 (제2023-000039호)
주소 · 경기도 남양주시 진건오남로 86번길 58, 103-2103
전화 · 0507-1316-9842 | 팩시밀리 · 031-574-9842
이메일 · usimo@naver.com
홈페이지 · https://blog.naver.com/usimobook

ⓒ 신세호, 2025

ISBN 979-11-971329-3-3 (03800)

* 저자와 합의로 인지는 생략합니다.
* 이 도서의 전부 또는 일부 내용을 재사용하려면 반드시 저자와 우시모북스의 동의를 받아야 합니다.
* 책값은 뒤표지에 표시되어 있습니다.

우리시사랑시선 6

심호흡하며 읽는 시

신세호 시집

우시모북스

■ 여는 시

할미꽃

꽃이지만
꽃이 아닌 꽃

희망을 놓쳤을 때
허리에 피어나는 꽃

| 차례 |

■ 여는 시 … 5

제1부

심호흡	_12
욕봤다	_14
대통령	_16
정치인	_18
뻥튀기	_19
기상이변	_20
날개	_22
칼날	_23
낙화	_24
철새	_25
과거현재미래	_26
밀당 1	_28
기분	_29
어머니의 손	_30
주식 투자	_32
비교	_33
고드름	_34
정상	_36

이순신 장군	_38
할머니의 바늘귀	_40
단절	_42
아침의 텃밭	_44
일용직 근로자	_46

제2부

달	_48
포샵	_50
태연한 말 한마디	_51
우정	_52
뽕나무	_54
시루떡 봉송	_56
내 맘 같지 않아	_58
새내기 직장인	-59
옥수수수염	_60
봄풀	_62
환청	_64

| 차례 |

검버섯 _66
느티나무 분재 _67
홍시 _68
편의점 _70
연인 _72
숟가락 _74
봄날 _76
다리 _78
산촌 _80
멧비둘기 _82
한계상황 _84
외발 손수레 _85
스님 _86

제3부

그림자 _88
애꿎다 _90
잣 송아리 _92
텃밭 _94
쌀 _96

반려견 _98
종소리 _100
데칼코마니 _101
울타리 _102
들깨칼국수 _104
친절 _106
오해 _108
바닷속 _109
돌멩이 _110
꿀사과 _112
은행나무 _114
창 _116
플랫폼 _117
삼잎국화 _118
농부 _120
술 _122
안경 _123

제4부

꽃샘추위 _126

| 차례 |

갑질　　　　　　　　　　　　　　　_128
결단　　　　　　　　　　　　　　　_130
자본주의　　　　　　　　　　　　　_132
이혼　　　　　　　　　　　　　　　_133
농산물 나눔　　　　　　　　　　　　_134
고추 말뚝　　　　　　　　　　　　　_136
소통　　　　　　　　　　　　　　　_138
외로움　　　　　　　　　　　　　　_140
아집과 교만　　　　　　　　　　　　_142
애벌레　　　　　　　　　　　　　　_144
깨지는 것들　　　　　　　　　　　　_146
아파트　　　　　　　　　　　　　　_148
할머니　　　　　　　　　　　　　　_150
신발　　　　　　　　　　　　　　　_152
장독대　　　　　　　　　　　　　　_154
예술 작품　　　　　　　　　　　　　_156
덧칠　　　　　　　　　　　　　　　_158
밀당 2　　　　　　　　　　　　　　_160

제1부

심호흡

내가 심호흡하면
무슨 할 말이 있을 거라
짐작해도 됩니다
속마음을 이야기할 때
심호흡하는 습관이 있거든요
억지로라도 씩씩한 모습
보이고 싶거든요
조금은 힘들었던 거 같아요
번아웃 몇 번 경험한 뒤
그런 습관이 생겼거든요
어떡하든 버텨봐야지요
희망이 없어도
갖도록 노력해 봐야지요
미래가 안 보여도
볼 수 있도록 해 봐야지요
그래야 버틸 수 있겠지요
나에게도 언젠가는
울컥하지 않는 날이 올까요
심호흡하지 않는 날이

올 수 있을까요

욕봤다

힘든 시절 살아내느라
다들
욕봤다

콩나물시루 교실에서 배우느라
욕보고
만원 버스에 시달리느라
욕보고
연탄가스에 용케 살아남았으니
욕봤다

생계를 구걸하던 시절
어렵사리 버텨냈으니
욕봤다

알게 모르게 사기 치고 당하고
은밀하게 뇌물도 주고받고
비굴하게 침묵하고
사소한 일에 발톱 드러내고

수치심은 쓰레기통에 처박고
양심은 엿 바꿔 먹고

욕 같은 시절
욕지거리 같은 시절을
용케 버텨왔으니
너도 욕보고
나도 욕보고

지금 와서 생각해보니
다들
욕봤다

대통령

이제 그만합시다
그동안 너무 했어요
도가 지나쳤어요

저들도 사람이니 티끌 없겠냐 만은
무슨 잘못이 많아
그렇게 모진 비난을 받아야 하나요

살아서도 죽어서도 재직기간에도 퇴임 후에도
그 무슨 철천지원수라고 악다구니 해대나요

저들에게 잘못이 무엇이었나요
번영을 가져온 게 잘못이었나요
자유를 가져온 게 잘못이었나요

좀 살아본 사람은 알아요
좀 더 오래 산 할머니 할아버지는 더 잘 알죠
뼈로 알고 살로 느껴요
지금이 살기 좋다는 걸

이제 그만합시다
그만 비난합시다
과도한 채찍질은 그만합시다

저들이 안타깝지도 않은가요
피 흘리며 집으로 돌아가는 뒷모습
안쓰럽지 않나요

우리가 누리는 이 세상
저절로 땅속에서 솟은 게 아니에요
제비가 가져다준 게 아니에요
홍길동이 던져준 게 아니에요

감사해야 해요
저들에 감사해야 해요
저들을 보내준 하늘에 감사해야 해요

정치인

빈말을 남발하지 마시길
현혹하려 하지 마시길
사기 치려 하지 마시길

그런 말 모르는 사람 없으니까
재물 욕심 없다고
명예 욕심 하나도 없다고

사심 없이 주인으로 모시겠다고
시민의 종이 되겠다고
그 속마음 모르지는 않지만

그래도 바라는 하나는
이웃을 사랑하는 마음이
전혀 없지 않기만을

아무리 탐욕스럽더라도

뻥튀기

어린아이에게 한 말은 아닐 거야
하루종일 턱 괴고 쪼그린 아이에게
그런 말을 할 리가 없을 거야
뻥이니까 멀리 떨어지라고
거짓말이니까 새겨듣지 말라고
생각보다 많이 부풀어져 있다고
반짝이는 눈을 가진 아이는
다 알고 있었지 어른들의 거짓말을
폭탄처럼 생겼지만 사실은
꿈을 튀기는 요술램프라고
아저씨의 고함소리는 어서 오라는
곧 마술이 펼쳐지니까 와서 보라는
까만 쇳덩이가 폭발할 때마다
꿈도 하늘을 향해 폭발하였지
하얀 꿈들이 하늘 높이 올랐지
자기 몸보다 더 많은 꿈이
폭죽처럼 꽃처럼 터져 올랐지
하얀 뭉게구름처럼 둥실둥실
꿈들이 꿈속보다 더 고소했지

기상이변

어떤 관계일까

한없이 베풀어주는
화수분 같은 관계일까

남김없이 주는 나무일지라도
언젠가 한계는 있겠지

안하무인 욕심쟁이처럼
한없이 요구만 한다면
한계를 알려주어야겠지
기상이변이 생기는 이유겠지

이 정도 보여줬으면
알아먹어야 할 텐데
모르는 걸까 모르는 척하는 걸까
쇠귀에 경 읽기
아무리 알려줘도
눈앞에다 보여줘도

눈을 감고 그냥 낭떠러지로

시한폭탄처럼 시간은 흘러가고
남은 시간은 별로 없고

서로 싸우지만 말고
진지하게 생각 좀 해보자고
지금 이 상황에 내편 네편을
따져서 어디에 쓰려고

화수분이 깨지려 하는데

날개

날개는 달아서 어디에 쓰려고
거추장스럽기만 한걸
전깃줄에 걸릴 수도 있고
날개는 아예 없는 편이 나을 수도
꿈이 없는 날개는 무의미하니까
아예 퇴화하여 생각마저 없길
그래도 옆구리가 근질거려 생각나면
그때그때 잘라버리길
약간은 고통스러울 수도 있겠지만
그렇게 하는 편이 좋을 거야
그래도 심장이 두근거려
참을 수 없는 날이면
꿈속에서 날개를 펼쳐보길
꿈속에서야 날 수 있겠지
아무도 보는 사람 없고
참견하는 사람도 없을 테니까
땅바닥 기는 애벌레도
꿈이야 가질 수 있겠지

칼날

햇볕이 칼날처럼 날카롭다
깨져서 그렇겠지 했는데
멀쩡한 창문도 마찬가지
네모나서 날카로운 줄 알았는데
보이지 않는 바람도 날카롭다
차가워서 시린 줄 알았는데
따듯한 사무실도 서늘하다
사무실이니까 딱딱한 줄 알았는데
다른 사람 얼굴은 부드럽다
친절한 상담사도 나에게는
성난 사람처럼 찌푸린다
나이 먹어 일자리 찾는 게
무슨 큰 죄를 짓는 것처럼
내가 나에게도 찌푸린다
중앙차선이 칼날처럼 날카롭다
시퍼렇게 날이 서 있다
내게만 찬 바람이 부는 걸까
깨진 유리창 바람은 원래부터
이리도 날카로웠나

낙화

그 고운 빛이 땅에 떨어져
볼품없이 나뒹구는 것은
고운 빛 뽐내느라 지쳤는가
온 힘 다해 고운 색 만드느라
진이 빠져 탈진한 모습인가
이제는 아무도 거들떠보지 않고
개미마저 무심히 밟고 가는
과거의 그 청순 아무도 모르게
땅바닥에 아무 소리 없이
그리움에 목메던 한숨 소리가
간절하여 소리를 잃어버렸나
그래도 원통해 하지는 말아요
한때나마 꽃으로 피었으니
한때나마 스스로 꽃이었으니
바쁘게 지나가는 사람
곁눈이라도 받아봤으니
해님의 사랑 받았으니
달님의 속삭임 들었으니
바람의 스킨십 즐겼으니

철새

북쪽 하늘 날아가는 철새
큰 대형을 이루어 장엄하다
하늘 덮은 한 날개처럼
한 마리의 새처럼 작별하는데
한쪽 깃털이 뽑히는 듯
뒤처지고 대형이 무너지고
애타는 울음이 땅 밑까지 들리고
막내 새끼와 생이별하는 듯
울음소리 하늘과 땅에 가득하고
사람들도 하늘 보며 같이 슬퍼
애끓는 마음 나누었는데
내년 상봉 기도하였는데
막내아들 텃세가 되었다고
텃새의 우두머리가 되어
한 나라를 건국하였다고
하늘과 땅에 가득했던 울음이
전설이 되어 핏줄 타고 이어졌다고
퇴화한 날개를 감추고
북쪽 보고 절하는 규칙을 만들었다고

과거현재미래

시간은 연결되어 있어
분리할 수 없다고
인연으로 엮여있어
한 몸이라고
사람도 한 몸이라
떼어낼 수 없다고
억지로 분리하여
괴로움 만들지 말고
일부러 사족을 만들어
걱정하지 말고
과거는 현재와 연결되어
분리할 수 없고
미래도 현재와 연결되어
나눌 수 없는데
공연히 쪼개 놓고
한숨 쉬지 말길
그냥 인정하고
가슴으로 받아들이길
지금 보고 있는 모든 것에

과거도 현재도 미래도
동시에 들어 있다고

밀당 1

한꺼번에 다 보여주지 말길
재미없잖아
자세히 설명하지 말길
기분 나쁘잖아
조금씩 조금씩
천천히 천천히
보일 듯 말듯
알 듯 모를 듯
너무 어렵게는 말고
이해하기 어려우면
정나미 떨어지잖아
배려가 필요할 거야
노력이 필요할 거야
노력해서 얻어야
내 것이 되니까
소중한 마음은
한꺼번에 얻기 어려우니까

기분

그런 노력 하지 마세요
기분까지 맞추려
하지 마세요
소중한 사람이라
어쩔 수 없다
하지 마세요
사랑하는 사람에게
못할 게 뭐 있냐고
하지 마세요
그러다 사랑하는 사람
기분 망칠 수 있습니다
그러다 소중한 사람
잃어버릴 수 있습니다
그보다
당신의 아름다운 마음이
상처 입는 것
당신의 기분이
더러워지는 것
그것이 걱정입니다

어머니의 손

손이 거칠다고 남부끄럽다고
탁자 밑으로 손을 숨기셨지
그때까지 소녀의 마음을
간직하고 계셨던 거지
꽃무늬 옷을 좋아하셨는데
어두운색 옷만 사드렸지
꽃이 좋다는 말은 차마
남부끄러워 못하셨던 거지
마지막까지 자신을 지키신 거지
흔들리는 마음을 감추신 거지
소나무의 두꺼운 껍질처럼
대나무의 강인한 마디처럼
논풀 뜯는 갈고리처럼
밭 일구는 쇠스랑처럼
그렇게 스스로를 단련하신 거지
시대가 그렇게 만들었고
가족이 그렇게 만든 거지
스스로 그렇게 강해지신 거지
남자보다 더 크고 거친 손으로

졸면서 상처를 기우신 거지

주식 투자

답답하고 갑갑해서
작은 욕심부렸는데
소박한 소망 하나 가져봤는데
그 틈을 비집고 칼이 들어온 거지
욕심을 부렸으니 가진 거
다 내놓으라는 협박인 거지
어린 마음에 잘못했다 빌었지
손에서 피가 나도록
무릎이 다 까지도록 빌었지
한 번만 살려달라고 애원하니까
병을 고치려면 돈이 더
필요하다고 요구했지
영혼까지 탈탈 털린 거지
등골까지 빨린 거지
영혼이 너덜거리는 백기 들고
최종 항복을 한 거지
다람쥐 쳇바퀴 도는 사람은
작은 일탈마저 허용이
안되었던 거지

비교

비교해야 차이를 알 수 있겠지
어려움을 알아야 수월함을 알겠지
눈물을 봐야 성공도 알겠지
사람을 봐야 삶을 알 수 있겠지
시장에 가봐야 물건값을 알겠지
값을 알아야 물건을 살 수 있겠지
얼굴을 보면 값의 의미를 알겠지
깊은 주름을 보면 고단함을 알겠지
거친 손 투박한 마음도 보겠지
고운 손 알량한 선의도 보겠지
영악하지 못한 미련도 보겠지
쉽게 끊어내지 못하는 미련함
미련함으로 뒤처지는 인생도
속기만 하는 바보 같은 인생도
변명도 남 탓도 못 하는 찌질이 인생도
거울을 봐야 나를 볼 수 있겠지
친구를 봐야 나를 알 수 있겠지
비교를 해봐야 알겠지
어떻게든 살아야겠지

고드름

차가운 몸을 불태워
뜨거운 눈물 흘리며
아들 하나 만들었지
그 아들 아비 닮아보려
아비보다 더 굵게
더 뾰족이 자라 올랐지
서로는 몰랐던 거야
서로를 겨누고 있었지
서로 상처를 주었지
타오르는 뜨거운 태양이
창끝을 녹이어 하나로
한 몸으로 만들 때까지
계절이야 알고 있었겠지
차가운 시련이 있으면
온화한 화해도 있는걸
한겨울 견뎌낸 인내심
서릿발 같은 참을성도
무거운 고드름처럼
통째로 무너져 내릴 수도

서로 부둥켜안고 울 수도

정상

정상이 아름답다고 힘껏 올랐는데
중도에 포기하지 않고 열심히
그냥 중도에 그만둘 걸 그랬어
정상 그 자체는 아름다움일지도
발버둥 치며 올라간 사람에게는
그건 그냥 허상에 불과할지도
정상에는 발버둥 친 흔적만이
처절하게 나뒹굴고 있는 걸지도
그냥 7부 능선 어디쯤 멈춰 섰다면
아주 환상적인 아름다움일 지도
그 무슨 영화를 보겠다고
아무런 의미도 없는 한 줌 욕심
있어도 그만 없어도 그만인
그 허황된 영광을 위하여
할짓 못 할짓 중간에서 못 끊고
기어이 정상까지 올라야 했는지
사람의 일이란 뻔한 일도
똥인지 된장인지 맛을 봐야
직성이 풀린다는 말이 있기는 하지

정상은 정상 자체로 정상일지도

이순신 장군

구국의 영웅이라고 하면
약간 겸연쩍을 수도
혹시 모를 나라의 환란에
대비한 것뿐인데
열심히 훈련하고
장비를 잘 정비한 것뿐인데
나라를 사랑하고
백성을 사랑한 간절함에
자연스럽게 나온
전략과 전술일 뿐인데
높게 되었다고
으스대지 않았을 뿐인데
나랏일에 몸이 매여
어머님께 불효하고
아내와 가족에게 미안할 뿐인데
한가지 잘못한 게 있다면
쪼개질지언정
굽히지 않는 마음을
끝까지 간직한 거겠지

사즉생의 마음이겠지

할머니의 바늘귀

바늘귀처럼 가는 눈을 하고
처음부터 다시 시작해보지만
원활히 수행하기는 쉽지 않겠지
코끼리가 바늘귀 통과하는 만큼
처음 시작하든 다시 시작하든
어려운 길 가지 말고 쉽게 해 보길
묵은 실과 새 실을 연결해 보길
서로 손잡고 인생문 통과해 보길
눈을 크게 뜨고 주위도 보면서
이웃과 정담도 나누면서
손 놓지 말고 단절되지 말고
고독처럼 외로운 건 없으니까
실처럼 이어온 지혜 놓치지 말고
이 세상 독불장군은 없으니까
인생문이 좁디좁아도
손 내밀고 손잡고 통과해 보길
동지섣달 깜깜한 등잔불 아래
할머니가 했던 것처럼
실과 실을 이어 바늘귀 통과해 보길

코끼리처럼 통과해 보길

단절

어려워도 어쩔 수 없지
힘들어도 해야 할 것 같아
과거와의 단절을
미련을 버리지 못하는 미련함과
감상에서 벗어나지 못하는 감상
어린 캥거루의 안일함과
기어이 단절해야겠지
오늘 밤 잠에서 깨면
한사람으로 일어나야지
망망대해 사막을 시작하는
낙타처럼 두 발로 벌떡 서야지
첫 비행을 연습하는 어린 새처럼
땅바닥으로 뛰어내려야지
짐승에게 쫓길지도 모르지만
기어이 단절은 해야 하겠지
진정한 자유를 원한다면
악물고 이별을 해야 하겠지
미련을 뒤돌아보지 않고
새가 하늘을 나는 것처럼

땅바닥과 떨어져야겠지

아침의 텃밭

호박꽃이 노랗게 큰 웃음으로
어서 오라 반겨준다
풀잎에 맺힌 구슬이
물방울 그림보다 영롱하다
뒤영벌은 벌써 갈 시간인가 보다
무거운 몸 뒷발에
꽃가루가 한 짐이다
어제 안 보이던 애호박이
연하고 빛나는 얼굴을 보여준다
고추나무가 하얀 별꽃으로
밤새 잘 지냈다 화답한다
식전이라 그런지
상큼 칼칼한 된장국이 떠오른다
청개구리가 장화 위에 올라
갈 길을 방해한다
같이 놀자는 얘긴가
장갑을 벗고 악수를 해야겠다
고맙다고 말하려니까
그런 말 필요 없단다

우린 한 가족이니까

일용직 근로자

힘드냐고 묻지 말길
그냥 대충 짐작하면 되지
자세히 알아 어디에 쓰려고
왜 말없이 일만 하냐고
이상하게 생각하지 말길
말하는 데 힘 빼고 싶지 않아서
말해봤자 어차피
이해할 수도 없을 테니까
어렵게 산다고 안타까워하지 말길
하루하루 희망을 갖고 있으니
내일이 오늘보다 나을 거라는
믿음을 가지고 있으니
도움 주려 하지 말길
하루하루 어렵게 쌓은 노력이
알토란같은 나의 돈이
똥값이 될 수도 있으니

제2부

달

예상 못했던 것은 아니지만
현실처럼 큰 벽으로 다가오면
해고통지를 받은 사람처럼
생각도 현실이 될 수 있다는

하늘의 달이 가로등이 되고

저기 떠 있는 달도 그 달이겠지
기도도 하고 원망도 했던

예전에는 참 유용했다던데
밤길 가는 나그네 앞길을
환하게 비추었다던데
칠흑 같은 밤을 환하게 하였다던데

요즘이야 가로등이 대신하고 있지만
가로등은 정이 없는 것 같아
사람의 마음을 몰라주잖아
너무 냉정한 것 같아

이 길이 다 끝날 때까지 그럴 것 같아
그런 자신이 좋지는 않겠지
저렇게 파르르 떠는 것을 보니
떨리는 불빛 온몸으로 받아내는
나그네도 같은 처지겠지

가끔은 없어졌다 돌아오기도 하고
기울었다 가득 차기도 하는
저 하늘의 달이 그리운 이유겠지

포샵

이력서 사진을 찍었는데
평소의 내가 아니다
미간의 주름도 없고
입꼬리는 올라가 있어서
어색하고 적응이 안 되지만
어쩌겠어 시대가 그런걸
화장도 포장도 해야 하겠지
자기 광고의 시대니까
상품을 잘 보여야 하니까
가면을 써야겠지만
그래도 아닌 건 아닌 것 같아
사과를 배로 포장할 수 없으니
평생을 포토샵 뒤에서
그림자로 살 수 없으니
나 아닌 나로 살 수 없으니
그렇게 살 자신이 없어서
후회하지 않을 자신이 없어서
포토샵을 하지 않았다
그리고 그만두었다

태연한 말 한마디

전부가 거짓은 아니었어
진실이 있었던 거 같아
아주 작은 시간이었지만
나는 그렇게 들었어
그러니까 사랑했겠지
진실하지 않았다면
순간조차 없었다면
그렇게 태연할 순 없겠지
태연한 한마디 속에
혹시 모를 진실을 찾으려
노력했던 거 같아
상황도 변하고 사람도 변하고
모든 것이 변했지만
아직도 진실의 순간은
변하지 않고 있지만
분명한 건 나도 변한 거지
세상을 알아 가는 거겠지
작은 진실을 찾으려
작은 노력도 하지 않는 거겠지

우정

희생할 필요도 없고
책임질 일도 없고
의무감도 없지만
가볍다고 말하기도 어려울 듯

같은 하늘 이고 살면서
아픔도 기쁨도 나누면서
시기도 질투도 하면서
무수한 날들을 걸어왔으니
무겁게 존중해야지

너의 말 한마디가 화두가 되어
평생을 함께 살아왔으니
너는 나에게 나는 너에게
일부가 되어 숨 쉬고 살았으니

허물없는 가까운 사이라고
내가 잘났다 네가 잘났다
드잡이하며 싸우지 말고

네가 옳다 내가 옳다
시시비비에 마음 상하지 말고

터놓고 가볍게 여기지 말고
가벼운 말 한마디가 상처가 되어
약하고 물러터진 어린 마음
다치게 할 수도 있으니

적당히 거리도 두면서
배려도 눈치도 살피면서
그렇게 남은 길 걸어가 보길

찰떡보다 끈끈한 우정도
사기 같은 한마디 말로
물거품처럼 사라질 수도 있으니

뽕나무

순박한 질감과 부드러움으로
세상을 이롭게 하는 나무

너 같은 이 세상에 또 있을까

가지마다 명주실을 매달아
어머니의 생계 걱정을 덜어주고
가지마다 번데기를 매달아
반찬 걱정을 덜어주고
가지마다 까만 열매를 매달아
아이들 군것질거리가 되어주고
연한 잎은 나물이 되고 떡이 되고
노란 뿌리는 약이 되어
모두를 이롭게 하는 나무가 되어
그 흔한 가시 하나 없이
작은 공격성도 까다로움도 없이
한없이 부드러운 품으로
따듯한 마음으로 주기만 하는
울안의 뽕나무 하나

사람한테만 이롭진 않겠지
벌레도 새들도 모여드는 걸 보니

무한한 사랑으로 희생으로
주위를 따듯하게 하고 있구나

나누어야겠지
더불어 살아야겠지
인간만 사는 세상은 아니니까

새들이 웃고 떠들고 있다
아이들이 웃고 떠들고 있다

시루떡 봉송

할머니가 얻어오신
생일 집 봉송 하나
달력 풀어 열어보니
아직도 따듯한 기운이
모락모락 피어올라
한 덩이는 아버지 몫
남은 한 덩이 갈라놓으니
작은 손에 쏙 들어가는 크기
한쪽 받아들고 웃음 한 송이
팥고물 한 개 웃음 한 톨
앞니로 물어뜯고 깔깔깔
까만 손안에 진흙 덩이
떡 덩이인지 구분이 안 돼
한입에 다 먹어버리고
빈손에 가득 차 있는 아쉬움
그 아쉬움이 너무 커서
아직 남아있어서
봉송하나 만들었는데
줄 사람도 받을 사람도 없고

손끝으로 뜯어 맛을 보니
간절하게 피어오르던
그리움은 사라지고
빈 껍데기만 남아서
고민만을 안겨주는데

기억 속에 얼려놓아야 하나

내 맘 같지 않아

순수한 마음으로
아무 이유 없이
그저 네가 좋아서
한 말이었는데
말꼬리를 잡고
빈틈을 헤집어
상처를 주는 너
내 맘 같지 않아
말꼬리를 잡고
빈틈을 만들어
억지로 만들어서
가슴 아프게 하는 나
네 맘 같지 않겠지
가혹한 운명의
장난일지도
마음은 모르는 척
말꼬리만 잡고 있으니
애써 외면하고
말 탓만 하고 있으니

새내기 직장인

모 아니면 도의 세상
세상의 수레바퀴에
깔리어 뿌리를 드러내어
자본주의의 따가운 햇빛 속에
드러내어 속까지 말라가는
연약한 이제 막 시작한
어린 꽃들이 꺾이어 갈 때
위로랍시고 던지는 한마디
길 가는 사람들의
측은한 눈길이 속을 후벼 파고
길에서 피어난 운명을
한탄하지만 수레바퀴는
계속되고 비켜 가지 않고
마부의 선의는 보이지 않고
길가의 여린 꽃들은
꺾이어 가고

옥수수수염

이웃집 할아버지
옥수수수염 쓰다듬으며
잔소리 많았지
공부 잘해야 한다
공부 잘해야 한다

가닥마다 잔소리
그 끝마다 알맹이 한 알

옥수수수염 바람에
반질반질 빗질하며
봄비에 머리 감으며
꿈을 키워가고

한여름 더위에
바람도 지쳐갈 때쯤
알맹이는 영글어갔지

속을 비집어 보지 않아도

속이 꽉 찬 걸 알았지
보석 같은 황금 결실이
한가득이었지

수염은 말라비틀어져
아무렇게나
내동댕이쳐졌지

봄풀

연두색 물결이 밀려와
찬바람 밀어내더니
어느새 노란 꽃 하얀 꽃
꽃대를 올리어
들판에 한가득 피어올라

봄바람에 부산하게
흔들리며 움직이고
벌 나비도 부산함에
부지런함을 더하고

잔치가 끝나가려는 듯
다들 서둘러 움직이는데
뭐가 그리 촉박하여
서둘러 전을 거두려 하는지

빌린 땅 돌려줘야 한다고
빌린 시간 다 됐다고
여름풀이 대기하고 있다고

그 모습 지켜보던 사람
화들짝 놀라며
심장이 내려앉은 모습으로
시간이 벌써 이렇게 되었나
봄 농사 준비도 못 했는데

옆에서 지켜보던 은행나무
한마디 보태는데
다들 욕본다

환청

엄마의 마음은
살얼음처럼 얇아서
깨질 것만 같아서
어린 아들 엄마 부르는 소리
들리는 것 같아서
대문을 보고
큰길을 보고
강가를 보아도
얇은 유리창
산산이 부서져
가슴에 박히어
털썩 주저앉아
살얼음판 위로 눈물이
하염없이 흘러서
경계에 막히어
살얼음판에 막히어
환청을 알게 되어서
땅바닥을 만들어
보는 사람 다행이라

여기는데
엄마는 차라리
환청 따라 경계를 넘어
저쪽으로 가려는 듯
아이 곁으로 가려는 듯

검버섯

할머니 손위의 검버섯은
어린 마음속 슬픔이었는데
땅의 색을 닮아 있어서
이 세상 것이 아닌 것 같아서
어린 손과 비교하면서
어느덧 어린 손이 할머니가 되어
할머니 손이 되어서
손등에 핀 검버섯을
쓰다듬으며 중얼거려보는데
늘 할머니이고
늘 아이인 줄 알았는데
할머니 손 만지작거리며
눈물 흘렸는데
봄가을이 몇 번 바뀌었을 뿐인데
검버섯이 자명종처럼
시간을 알려준다
손등에서도
마음속에서도

느티나무 분재

자연의 축소판이라고
아름답다고 말들 하지만
나무도 과연 그럴까
저 우람한 체격을 억지로
저 작은 병상에 구겨 넣고
링거로 생명을 연장하면
나무도 행복할 수 있을까
오히려 간절히 외칠지도
풀어 놓아 달라고
자연으로 보내달라고
그 말 듣는 사람 아무도 없고
오히려 더 극단을 찾으려
두리번 돌아다니고
더 기괴한 아름다움을 찾아
달려가는 광인 같은 창끝은
어디를 겨누고 있을까
땅에 뿌리 내리지 못하고
병상에서 죽어가는 이
과연 누구일까

홍시

홍시 하나 앞에 두고
차마 입을 대지 못한다

홍시 꽃이 발갛게 핀
마을엔 할머니들이 많았지
이가 없어 소중한 홍시
가시가 없어 더욱 소중한 홍시
할머니가 좋아하던 홍시
할머니 드려야 하는데
할머니는 어디 가고
붉은 꽃나무만 남아
딸 사람도 먹을 사람도 없이
마을의 배경으로만 남아서
아득한 옛일로만 남아서
초근목피로 연명하던
쓰디쓴 시절을 증언하는데
홍시가 있어 그나마
위로가 되었을까
달콤한 꿀물보다 더 부드럽게

시린 마음 어루만져 주었는데

서리맞아서 더 붉은 홍시
한참을 바라보다
뒤돌아 중얼거린다
다들 어디에 간 거야

편의점

혼자 산다고
불쌍해하지 마세요

어머니와 한 몸인 시절도
있었으니까

주방처럼 편의점이
환하게 불을 밝혔네요

어머니가 부르네요
밥 차려놨다 밥 먹어라

오늘은 건강식으로 먹으려고요
어머니가 좋아하시니까

고기가 많이 들어간
삼각김밥이 좋을 것 같아요

걱정하지 말아요

밥알이 목에 걸리면
컵라면이 있잖아요

컵라면 국물이
숭늉처럼 따듯하게
몸을 덥혀주네요

두 다리에 힘이
잔뜩 들어가네요

오늘도 잘 다녀오겠습니다

연인

창밖에 한 쌍의 연인이 걷고 있다
한쪽은 사관생도로
또 한쪽은 여대생으로 추정된다

과하지 않은 미소로
경박하지 않은 발걸음으로

두 손을 잡은 모습이
스킨십도 다정하다

커피숍 안의 사람들
잠시 이야기를 멈추고
창밖을 바라본다

세상의 모든 이야기가
배경이 된다

이런 연인이 있어 세상이
아름다운 건 아닐까

첫사랑의 눈길이 있어 이 세상
살만한 건 아닐까

숟가락

숟가락이 빛난다
주인을 잃어버린 것일까
길가에서 하염없이 반짝인다
스뎅보다 튼튼하고
이빨보다 강인하다
튼튼해서 더욱 서글프다
모든 것이 썩어 사그라져도
숟가락만은 영원히
햇빛 속에 반짝일 것 같다

숟가락으로 장난치지 말라고
수없이 타일렀건만
숟가락 튼튼하다고
깡통 두드리지 말고
밥상 두드리지 말라고 일렀는데

총보다 더 소중한
병사의 숟가락처럼
쟁기보다 더 튼튼한

아버지의 숟가락처럼
호미보다 더 알뜰한
어머니의 숟가락처럼
소중히 간직하라
그렇게 당부하였는데

이제는 잃어버린 숟가락이 되어
삶의 의지 같은 광택만이
별처럼 반짝거린다

봄날

갱년기 여인처럼
뜨거워진 대지는
이곳저곳에서 활화산을 터트리지만
태양은 더 뜨거워져
아지랑이 타고 내려오지만

한낮의 뜨거움도
찬 바람 부는 밤공기는 못 이겨
여인도 예전의 몸이 아니라서
진달래꽃 암술 수술처럼
과거를 기억해보려 애쓰지만
변덕스러운 마음에
짜증만이 더해가지만

아침이면 봄바람이 불고
봄바람에 상처가 쓰라려 오면
심장은 아직도 뛰고 있지만
이룬 것 하나 없이 봄바람에 떠밀려
여기까지 왔지만

그래도 한가지 찾으려 한다면
진달래꽃 피울 가느다란 꽃대 하나
추위를 견디며 만들어낸 것

다리

콘크리트 튼튼한 다리
누가 만들었나
사기꾼이 만든 것처럼
믿을 수 없이 튼튼해

마저 다 건너지 못하고
다리에 힘이 풀려
튼튼한 한강 다리 밑
넘실대는 물결
가늠할 수 없는 어두운 밤
콘크리트가 두려웠나
어쩔 수 없고 넘을 수도 없는
그 위압감이 두려웠나

차라리 징검다리 건널 것을
위태위태 건너다가
잘못하여 헛디뎌도
물에 빠져 넘어져도
툭툭 털고 일어서면

그뿐인 것을

산촌

빼꼼히 하늘만 보이는
산촌이 답답하여
그날이 그날인 거 같아서
사람 사는 거 같지 않아서
도시로 떠나갔는데
북적북적 사람들과 부딪치며
바쁘게 살고 싶었는데
떠밀리는 듯 산촌으로 돌아오니
오목하게 들어간 배꼽처럼
엄마 품처럼 따듯함이
아파트보다 더 포근하고
솔가지 스쳐오는 바람이
지하철 바람보다 시원하고
이쪽저쪽 산새 소리는
호객 소리보다 깨끗하고
내 마음의 심상도
고요하게 침잠해 들어가고
눈을 감고있어도
더 넓게 볼 수 있을 거 같아서

도시보다 더 넓은 거 같아서

멧비둘기

구슬피 우는 멧비둘기
무엇 잃어 저리도 애틋할까
꾹꾹 국국 꾹꾹 국국

어린아이 남기고 떠나버린
엄마를 부르는 소리인가
꾹꾹 국국 꾹꾹 국국

어미가 어린 새끼 부르는
떠도는 영혼의 울부짖음인가
꾹꾹 국국 꾹꾹 국국

계곡을 타고 내려와서
온 숲을 적시는 소리
꾹꾹 국국 꾹꾹 국국

하루종일 그치지 않고
박자에 맞추어 장송곡처럼
꾹꾹 국국 꾹꾹 국국

하늘과 땅 사이가 슬픔으로
가득 차서 조용한데
꾹꾹 국국 꾹꾹 국국

세상을 애도하는 것인가
사람을 애도하는 것인가

한계상황

한계상황까지 가봐야
한계를 알 수 있을까요
끝장나봐야
끝을 알 수 있을까요
목적지는 한계에 못 미쳐
어디쯤 있지 않을까요
배탈이 나서 고생을 해봐야
과식을 알 수 있을까요
몸살로 앓아누워봐야
과로를 알 수 있을까요
불나방의 한계상황은
어디까지일까요
탐욕의 한계상황은
어디까지일까요
한계상황 너머에는
또 다른 한계가 있을까요

외발 손수레

외발에
나의 두 발을 더하여
세 발이 되었지
안정이 되었지
하나가 되었지
우리가 되었지
우리는 죽이 잘 맞았지
동네방네 돌아다녔지
일이 없어도 함께 다녔지
동네 사람이 말을 하였지
어디 일하러 가나 봐
그렇게 우리는 사람들을 속였지
오해는 우리에게 자유를 주었지
좁은 길을 갈 때
더욱 자유를 느꼈지
논두렁 같은
밭고랑 같은
네발이 보다 더
가진 사람보다 더

스님

무엇 때문에 그렇게 열심히
목탁을 두드리나요

가여운 민생 때문인가요
자신이 안타까워서인가요

욕심에서 벗어난 지고지순한
마음을 찾고 싶은 건가요

스님도 참 딱하십니다
목탁 소리가 욕심인 건
왜 모르시나요

백팔 배 힘겨워 잠깐 눈붙일 때
배고픈 노숙자 밥 한 공기 얻을 때

그때가 연꽃이 환하게
피는 때가 아닌가요

제3부

그림자

그림자에 색깔이 있을까
화려한 장미이건
수수한 진달래건

그림자를 싫어할 수 있을까
색을 잃어버렸다고
벌 나비가 찾지 않는다고

그림자를 증오할 수 있을까
나를 꼭 빼닮아서
나의 모습 그대로인데

어떤 사람의 그림자는
특이하게도 색깔이 있다

누구에게 맞은 것 같은
푸른빛이 도는 색깔이

어떤 사람의 그림자는

유난히 진하다고 한다
가난의 그림자든
마음의 그림자든

어떤 사람의 그림자는
따로 논다고 한다

그림자가 제멋대로 움직여
두려움을 준다고 한다

애꿎다

진실한 사람에게는 애꿎게도
애꿎은 운명의 장난이 찾아온다

유리그릇 같은 소중한 마음을
운명은 짓궂게 질투하는가 보다

애틋하고 순수한 사람에게
사랑은 도망만 가고

모범적인 직장생활은 시기를 받아
모함으로 끝나버리기 일쑤이고

손톱여물 썰어 알뜰살뜰 모은 재물은
어쩌면 그렇게 쉽게 허무하게
사기꾼의 손으로 흘러 들어가는지

투명하지 않은 플라스틱 용기가
필요한 것 같기도 하다

금방 헤어질 듯 밀당하는 사랑이
언제라도 쫓겨날 수 있는
아슬아슬한 직장생활이

손톱여물은 그만 썰고 때로는
허랑한 소비생활도 좀 즐기는

깨지지 않는 플라스틱이 필요하다

유리그릇은 깨지기 쉬워서
유리그릇은 들키기 쉬워서

소중한 것을 담기에 적절하지 않아서
유리 멘탈은 너무 얇아서

더 오래 살고 싶어서
애꿎은 인생 그만 살고 싶어서

잣 송아리

저 높은 하늘 위에 매달려
잘 보이지도 않는 높이에서
검푸른 녹색 뽐내며
자존심 같은 송진으로
온몸을 철저히 방어하고
가지 끝에 떠받들어져
단단하게 부착되어 있으면
행복할 수 있을까

무언가 의미를 찾으려면
내려와야 할 텐데
배고픈 산짐승의 먹이가 되든
아름다운 새 생명으로
다시 태어나든
땅바닥에 떨어져야 할 텐데
토양으로 들어가
흙과 함께 썩어야 할 텐데

저 높은 곳에서는

꿈꾸듯 혼자일 텐데
아무도 모르는 자존심만
외롭게 푸르를 텐데

텃밭

이제 알겠다
농민의 가난한 마음을
자연 닮은 눈동자를

가뭄으로 타들어 가는
땅을 앞에 두고
농부의 마음도 거북등처럼
갈가리 찢기고
목마름에 지친 작물 앞에서
농부의 마음은
새까맣게 타들어 가
숯검정이 되고
더 이상 탈 것이 없는
하얀 재가 되었는데

그 어떤 농부가
그렇게 강한 심장을
가질 수 있을까

죽어가는 작물 앞에서
돈을 생각하고
농업경영을 생각할 수 있을까

쌀

서운하겠다
푸대접을 받고 있으니

슬플 수도 있겠다
변해버린 인심에

애지중지하던 마음은
어디에 버려버리고
쓰레기통에 하얀 쌀밥을 버리고
이삭 줍던 알뜰한 마음은
어디에 잃어버리고
하얀 쌀밥 미역국 앞에
온 가족 행복했던
생일날 기억은 어디에 두고
밀가루에 밀리고 고기에 치이고
언제부터 천덕꾸러기가 되었나

변해버린 세상을 탓하는 건 아니지만
그래도 잊지 말아야 할 것

쌀눈처럼 눈을 크게 뜨고
잊지 말아야 할 것이 있다
쓰레기통에 버리지 말아야 할 것이 있다
한 톨까지 소중히 여겨야 할 것이 있다

몸속에 조상님의 혈액이
흐르고 있는 한
한알 한알 꼭꼭 씹어
음미할 것이 있다

반려견

조르르 앞서가는 명랑함은
코스모스를 닮았고

뒤돌아보며 기다리는 마음은
국화꽃을 닮았고

참고 배려하는 모습은
조강지처를 닮았고

바라보며 소통하는 모습은
심리상담사를 닮았고

변치 않는 믿음은
태산의 바위와 유사하고

모든 것을 받아들이는 마음
죽음까지도 순순히 인정하는 모습은
부처를 닮았고

깨끗하고 순수한 마음은
거짓과 사기가 난무하는
인간 세상에 피어난
연꽃을 닮아있다

종소리

종소리가 마음을 울린다
가슴속에도 종이 있어
서로 합선이라도 되었나
찌릿한 전율이 느껴진다

투명하고 맑은 종소리가
가슴 아프게 다가오는 것은
내 마음이 투명하지도
깨끗하지도 않은 탓이겠지

진중하고 묵직한 여운이
오래도록 남는 것은
편협하여 신중하지 못한
새털같이 가벼운 내 마음 탓이겠지

들을 때마다 가슴만 아픈 것은
다가갈 수 없는
손짓만 하다 끝날 것 같은
예감 때문이겠지

데칼코마니

원본과 똑같지 않아도 좋습니다
비슷하지 않아도 괜찮습니다
살다 보면 자꾸 멀어지니까

그 사이에 삶을 넣어 보면
반쪽만 남은 낯선 누군가가
내 앞에 있으니까

원본은 까마득히 잊히고
비슷하지도 않은 복사본만 남아서
가슴 치며 아파만 하니까

모두들 그렇게 사니까
너무 슬퍼하지는 마시고요

이제는 떠나야 할 시간
반쪽이 반쪽을 만나
한 송이 꽃으로 피어서
한 마리 새로 날아갈 시간

울타리

울타리를 치자

나의 마음속은 말고
나의 가족은 말고
나의 마을은 말고
나의 나라는 말고

외적을 물리칠 수 있는
단단한 울타리를 치자
안온함이 함께하는
서로 믿고 의지하는

이마를 맞대고 지혜를 짜내어
외적에 대항할 수 있는
그런 울타리를 치자

우리 지구에 치자
어차피 한마을이 되었으니까
적이 눈앞에 있으니까

우리 스스로 만든 적
지구온난화

시간이 많지 않다
적전분열은 필패이다
우리는 뭉칠 수 있다

항상 그래왔으니
항상 외적과 싸워왔으니

들깨칼국수

들깨칼국수 속에
온전한 들깨 알
하나라도 있을까

제 몸 갈아 넣어
형태를 잃어버리고
모든 것을 쏟아내어
들깨 국물 만들지 않았는가

들깨 알 같은 민생이
제 몸 갈아 넣어 만든
세계 속의 우리나라
여기까지 왔는데

눈물 콧물 다 쏟아내어
만든 들깨칼국수
맛나게 먹을 수 있을까

들깨 알 눈에 안 보인다고

다 죽이 돼버려서
기억 속에서 잊혔다고

아무리 그렇다고 해도
들깨 알의 맛은
입안에 그대로인데

들깨 같은 민생도
변한 것 없는데

친절

두 볼에는 골이 가득하고
말투에는 건들지 말라는
노기가 뚝뚝 떨어진다
어렵다는 건 알겠는데
불만이 있다는 건 알겠는데
같이 살아가는 세상인데
혼자서는 살 수 없을 텐데
독불장군은 없을 텐데
왜 독불장군을 고집하는지
더 어려운 사람도 있는데
사연 없는 사람 이 세상에 없는데
옛날에는 백지장도 맞들었다던데
콩 한 알도 나누었는데
아픔도 공유하면 나아질 텐데
공유는 아니고 공감이라도
공감은 아니고 노력이라도
바위처럼 무거운 짐
가볍게 하려는 작은 노력이라도
폐지 줍는 할머니 밀어드리는

작은 친절이라도

오해

오해라는 말은
하지 마시게
이미 이해하고 있으니
차라리 미안이라는
말이 좋을 것 같아
사람은 누구나
속마음을 숨기려 하니까
꽁꽁 잘 싸매어 속마음이
보이지 않도록 하시게
문틈으로 비치는 속마음이야
어쩔 수 없겠지만
다시 생각해보면
오해라는 말도 괜찮은 것 같아
사과의 의미도 있으니까
그렇지 이미 말하였지
사과의 의미
정중히 잘 받겠네
고맙네

바닷속

거친 바다 위 조각배 하나 띄워놓고
마음고생 많았는데
검은 파도 큰 입에 남편 잃어
눈물도 많았는데
해녀 되어 네 속 살펴보고 알았다
너는 원래 잔잔했다는 것을
고요하고 참을성이 많은 아이란걸
미워할 수 없다는 걸 알았다
바다 위 바쁜 인생도 있고
바다 밑 느리고 고요한 인생도 있다는걸

속 좁게 욱하는 마음으로
파도와 싸우려 하지 않고
속 깊은 너그러운 마음으로
양보도 하고 타협도 하면서
그렇게 고요하게
바닷속에서 살아갈 거라고
남편에게도 마을 사람에게도
그렇게 중얼거려본다

돌멩이

돌멩이 하나
연못에 던졌는데
얇은 살얼음에 막히어
내려가지 못하고
나의 가슴에 박히어
가라앉지 못하고
들어가 회수도 못 하고
연못가에 서서
그저 안타깝게 바라만 보고
살얼음이 녹아
연못 속으로 사라져
안 보이게 될 때까지는
인생이 너무 짧아서
그저 가슴에 안고 갈 밖에
아픈 돌멩이가 때로
가슴을 찌르더라도
피하거나 도망치지 않고
담담히 마주하고 느끼며
그렇게 살 수밖에

살얼음이 녹는 날까지

꿀사과

썩은 사과 속에
꿀이 한가득이다

한때는 건강한 사과 속에서
꿀을 찾았지만
이내 실망도 하고
미워도 했었지

싱싱하고 뻣뻣한
사과 속에서 꿀을 찾는 일은
웃기는 일이겠지

사과에 박힌 꿀은
병증의 하나이니까

그래도 나는
꿀사과를 좋아한다

아픔을 품고 있으니까

어릴 때 먹던 익숙한 맛이니까
종자를 보호하기 위해
애쓴 흔적이니까

그 흔적이 투명한 꿀이 되어
자식을 지켰으니까

어머니가 썩은 사과만
골라 사 온 이유를
알 것 같으니까

은행나무

동네 한가운데
은행나무가 시름시름 앓고 있다
사람들이 두 손 모아 기도한다

나무의사의 처방이 약손이길
영양수액이 효험있기를

집 지어주고 정다웠던
까치와의 추억 잊지 말기를

밑동 깊이 숨겨놓은
사람과의 이야기 잊지 말기를

한여름 눈부시도록 푸르렀던 그 마음
잃어버리지 말기를

파란 하늘을 노랗게 물들여
사람에게 낭만을 주었던

사랑으로 충만했던 그 날을
잃어버리지 말기를

어려운 이때 너마저 아프면
사람들이 너무 힘들다는 걸
부디 잊지 말기를

사람들은 기도한다

창

창문 밖 풍경이 이상하다
소리가 없어 더욱 생경하다
목적도 없이 거리에서 바쁜 사람들
냄새도 없고 바람도 없고
목소리가 소거된 화면
두꺼운 이중창이라서 더욱 그렇다
창문 안 풍경도 마찬가지
위험이 소거된 하얀 방에
공기도 냄새도 비현실적
이제는 적응이 되어 익숙한 방에
사람들이 환자처럼 누워있다
소리가 소거된 TV를 응시하며

이방을 탈출하여야 할 것 같다
언젠가는 벗어나야 하겠지
반드시 돌아갈 수 있을 것이다
사람 소리 들리는 곳으로
위험이 감각을 깨우는 곳
내가 태어난 곳 나의 고향으로

플랫폼

누군가 깔아놓은 플랫폼 속에서
시나리오에 맞추어 울고 웃으며
신나게 한바탕 춤을 추었는데
자유롭게 잘 논 것 같았는데

깔아놓은 멍석에서 한 발짝도
단 한 발짝도 벗어나지 못하고
부처님 손바닥 위 손오공처럼

갈수록 정교해지는 그물코에 갇히어
목장의 가축처럼 어항의 물고기처럼
플랫폼의 그물에 갇히어
게임 속 캐릭터가 되어
영화 속 아바타가 되어

자본주의의 그물에 잡히어
탐욕의 낚싯바늘에 코 꿰어
거대기업 플랫폼 업자의
손아귀 속에서 그렇게 그렇게

삼잎국화

거기 누구 없어요
똑똑똑
언 땅을 두드려본다
보채지 말란다
때가 되면 나간다고

즐겁고 고맙다
이런 엄동설한에도
대답을 주다니

지금이야
인고의 세월을 견디고 있지만
봄이며 여름이 오면
왕성한 생명력을 자랑하겠지

그렇다고 오해하지는 말고
이제나 그제나
나는 언제나 너를 좋아하니까

사람은 누구나
때가 있는 것을 아니까

겨울이 지나가야
봄이 오니까

농부

상인을 믿었는데
상인의 변덕에
상인에 속고
소비자를 믿었는데
소비자의 변덕에
소비자에 속고
정부를 믿었는데
정부의 변덕에
정부에 속고
날씨를 믿었는데
날씨의 변덕에
날씨에 속고
더는 믿을 곳이 없어서
더는 한탄할 곳이 없어서
깡소주에 속마음을 보여주는데
취한 얼굴인지
햇볕에 그을린 얼굴인지
구분이 안 돼
겉도 늙고

속도 늙었다

술

믿을 곳이 없어서
모두 서로를
못 잡아먹어서
안달이어서
기운이 빠져서
힘이 빠져서
힘을 달라고
살고 싶다고
애원하면서
술을 찾았는데
달라는 기운은 안 주고
달라는 힘은 안 주고
오히려 기운을 빼앗고
힘을 빼앗고
알코올 의존증만
던져주고
삶의 의지마저
뭉개 버린다

안경

안경을 쓰자
환하게 보이게
세상이 보이게

한 걸음 다가가서 보자
사람이 보이게
눈물이 보이게

한걸음 떨어져서 보자
아옹다옹하지 말고
내 몫은 포기하고

안경을 쓰자
사람이 보이게
눈물이 보이게

제4부

꽃샘추위

이렇게 혹독할 줄 몰랐다
이렇게 냉혹할 줄 몰랐다

목련꽃은 피어보지도 못하고
흙빛으로 굴러떨어졌다
연하게 올라온 감자 싹은
삶겨져 고꾸라져 버렸다
사람들의 마음에서 봄은 사라져
두꺼운 외투로 꽁꽁 싸맸다
참을성이 조금 부족했을 뿐인데
때를 조금 앞서갔을 뿐인데
경고만 주는 선에서
조금 야단만 칠 줄 알았는데
나만의 생각이었나
과도한 희망 사항이었나

기다리지 못한 마음은
조금 앞서가는 마음은
깊은 상처를 입고

길가에 내동댕이쳐졌다

갑질

갑질을 하니 갑이 되었나요
가슴에 맺힌 한 풀어내니
후련한가요

꾹꾹 눌러온 원망 터트리니
살만한가요
하지만 상대를 잘못 골랐어요
그때 그 사람 아니잖아요

그분 돌아가셔
지금 안 계신다고요
아니에요
당신 안에 살아 계시잖아요

그분에게 반사하세요
당신이 받은 설움 그대로

이제 됐어요
잘하셨어요

이제 당신이 갑이에요

결단

두려운 말이에요
사연이야 있겠지만

스스로를 옥죄어 왜소하게 만들잖아요
딱딱한 말의 감옥에 들어가지 말아요

부드러운 말도 있어요
여백이 있는 말을 써봐요

스스로의 미래도 알 수 없는데
확정된 미래는 애당초 없는데

무서운 말이에요
가능성을 없애는 말이에요

그런 말 쓰지 말아요
듣는 사람이 힘들어해요

긴 시간 심사숙고하여

결단한 걸 모르지는 않지만

자본주의

무엇이 욕망을 자극했나요
필요한 것보다 더 가지니
행복한가요

다 내 것이라고 생각하나요
온전히 내가 만든 물건
하나라도 있나요

물건은 차고 넘치는데
가격은 왜 자꾸만 오르나요

요긴한 사람 앞에서
농작물은 왜 갈아엎나요

열심히 일하는 직장인
폐지 줍는 할머니는
왜 부자가 안 되나요

이혼

뭐가 그리 잘나서
그런 오만한 결정을 하려고 하나요
무슨 아픔이 있길래
그런 아픈 결정을 하려고 하나요
시작도 선택했으니
끝도 선택하려 하나요
사람이 사람을
선택할 수 있나요
백만 가지 인연으로 만나
몸과 마음을 나누었는데
선택이라는 착각으로 이기심으로
반쪽을 버리려 하나요
숙려기간이라는 것도 있으니
한 번 더 생각해보시길
당신의 일부가 되어있는
반쪽을 찢어내려 하지 말고
억지로 다른 사람 되지 말고
잘난 체하지 말고
선택하지 말고

농산물 나눔

설마 버리진 않겠지
가장 소중한 것을 주었으니

싫어하지는 않겠지
벌레와 함께 먹는다고

초보 농부의 투박한 손길이야
쉽게 알겠지만

그 마음까지 알기는 쉽지 않을 거야
가뭄에 목마를까
뜨거운 태양에 잎 마를까

매일 매일 노심초사한
마음까지야 모르겠지만

그래도 자꾸만 주고 싶은 것은
받아주는 마음이 고마워서겠지

서툰 마음 받아주니까

고추 말뚝

고추 말뚝을 박는다
비바람에 쓰러지지 않도록

조금은 과도하다 싶게
튼튼하게 단단하게

사기처럼 몰려오는 돌풍에
쓰러진 적이 있는가

믿지 못할 바람에 꺾이어
트라우마가 있는가

가을이 되면 뽑아내기
어렵다는 걸 알고 있지만

더 깊이 더 완벽하게
고추 말뚝을 박고 있다

좀 과도하면 어떤가

내 마음 편하면 되는 거지

소통

내가 시원하면
네가 답답하고

네가 시원하면
내가 답답하고

소통이 안 돼
답답하다 하지 말고

반반씩만 답답하길
반 정도는 양보할 수 있겠지

요구하지 말고
한껏 욕심부리지 말고

나무와 소통하듯
꽃과 소통하듯

말을 안 해도 예쁘게

말을 안 해도 듬직하게

외로움

지친 몸 이끌고 깜깜한 방에 들어서면
어디서 몰려오는 차가운 외로움
더 환하게 불을 밝혀 보지만
더 강하게 보일러를 올려보지만
어쩔 수 없는 빈자리에 고개 숙이고
이불 속에 숨어 훌쩍거려보지만

감당할 수 없는 현실 앞에서
두꺼운 외투를 걸치고 길을 나선다
사람 많은 편의점에서
다정하게 무언의 대화를 나누며
소울 푸드로 마음을 달래려고
뜨거운 라면 국물이 그나마
속을 달래주지만 돌아갈 생각에
표정은 어두워지고

환한 어두움 속에 따듯한 차가움 속에
반려견이라도 있으면 좋으련만
또 다른 외로움은 어떡하고

도저히 그럴 수는 없다

외로움을 키울 수는 없다
외로움은 나 혼자면 족하다
어떡하든 혼자서 버텨 봐야지

아집과 교만

한 걸음 한 걸음 멀리도 왔는데
한 계단 한 계단 힘들게 올랐는데
너무 힘들어 아집이 생겼나
작은 성공이 교만을 만들었나
어렵게 올라가기는 했는데
내려오는 것은 한순간인 것을
내려와서 보니 조금 전 저 자리가
다시는 못 올라갈 높은 곳
남은 시간을 다 쏟아붓는다 해도

이제라도 알게 되었으니
그나마 다행이라 여겨야지
켜켜이 쌓인 서러움이 굳어져
어떻게 해볼 수 없는 아집이 되어
고집불통이 되어 뻔히 보이는
얄팍한 유혹에 흔들렸으니
티끌보다 못한 성취에 취하여
술 취한 사람처럼 교만에 취하여
주위 돌아볼 생각조차 없었으니

이제라도 다행이라 여겨야지
여기서라도 차돌처럼 단단한
응어리 풀어낼 수 있으니
오히려 다행이라 여겨야지
풀어내지 못하였다면 어떻게
영원히 풀어내지 못하였다면
몸서리쳐지는 끔찍한 일

애벌레

땅바닥 긴다고
하찮게 여기지 말길
하늘을 나는 꿈을 꾸고 있잖니

나뭇가지에 매달려
위태위태 살고 있다고
불쌍해하지 말길
자유를 향한 몸짓이잖니

골방 속 고치에 갇히어
아무것도 먹지 못하고
인고의 세월을 견딘다고
가여워하지 말길
저 푸른 하늘을 향하여
날개를 품고 있잖니

고난의 세월을 견디고
드디어는 자유를 향한 날개를
한껏 펼치던 그 첫 비행의 날

새의 먹이가 되었다고
한탄하지 말길
한때나마 자유를 맛봤잖니
새가 되어 날고 있잖니

깨지는 것들

무엇이든 깨지는 것은
날카로운 소리가 난다
날카로운 신음소리가 난다
사물이든 사람이든
도자기 깨지는 소리도
사람이 깨지는 소리도
다시 태어나는 소리는
언제나 날카롭다
날카로운 것은 새롭다
고통을 겪었으니
날카로운 것은 신선하다
아픔을 품고 있으니
깨지는 고통을 벌거벗은
날갯짓으로 표현하는
투명한 어린 새처럼
우리네 깨지는 소리도
날카롭게 폐부를 찌르겠지만
깨져야 다시 태어날 수 있으니
날카롭게 깨져야

한 걸음 더 나갈 수 있으니

아파트

아파트가 따듯하다
콘크리트라 더욱 따듯하다
튼튼하여 믿음직스럽고
믿음직스러워 더욱 따듯하다

퇴근하는 가장의 눈에
하루종일 진이 빠져
쉬고 싶은 마음이 간절하여
더욱 따듯하다

모든 아파트는 따듯하다
적은 평수의 아파트는
이웃이 가깝게 모여 살아
더욱 따듯하고
구축아파트는 어른들이
살고 있어 더욱 따듯하다

아파트 벽면이 따듯하다
찬바람 맞은 얼굴처럼

쓰담쓰담 따듯하다

아파트에서 향기가 난다
저녁밥 냄새 아이들의 웃음
옷매무새를 고친다
아파트처럼 튼튼하게
씩씩하게 보이고 싶어서

할머니

할머니의 허리가 펴졌다
현실이 되었다
고정관념이 깨졌다
다른 사람이 되었다

잔뜩 녹슨 경첩처럼
아이고 아이고
삐그덕삐그덕
소리 내던 허리가 펴졌다

비록 자그맣고 네모난
방에 누워있지만
어떻든 간에
허리는 펴졌다

자신의 힘이건
타인의 힘이건
세월의 힘이건
어떻든 허리는 펴졌다

얼굴도 펴졌다
꽃같이 환하게는 아니래도
어떻든 얼굴도 펴졌다

사람들이 축하한다
할머니가 펴졌다고
호상이라고

신발

아스팔트 위에 벗어 놓은
신발이 서늘하다

중앙선 옆 공터에
빨갛게 작은 운동화

놀이터도 없는 이곳에
무엇이 그리 급하여
황급히 내팽개치듯
벗어 던져버리고 어디 간 걸까
친구들과 놀러 갔을까
엄마의 애타는 소리
들리지 않는가
어디서 놀고 있길래
저녁밥이 다 되었는데
뭐가 그리 재미있길래
돌아오지 않는단 말인가

엄마는 무엇 하고 있는가

흩어진 신발 예쁘게 정돈하여
댓돌 위에 놓지 않고
엄마도 정신줄을 놓았는가
흩어진 어린 신발
수습하지 않고

장독대

소중한 것은 쉽게 깨진다

장독대에 정갈한 비가 내린다
매일 닦아 반짝반짝 윤이 난다

동네 개구쟁이에겐
접근금지 명령이 떨어진다

지나가는 바람에 상처 입을까
돌멩이로 무겁게 보관하고
길고양이 소리에 금이 갈까
밤마다 귀를 쫑긋 세웠는데
아침마다 무탈하게 잘 지냈는지
뚜껑 열어 인사하였는데

이제는 플라스틱이 되어
깨지지 않는 물건이 되어
정성이 필요 없게 되어서
노심초사도 사라지고

아이들 숨바꼭질도 사라지고
고양이도 관심 없고
애타는 마음도 사라지고

기어이 어머니가 깨졌다.

예술 작품

예술 작품은 어렵다
어려워서 가볍지 않다
서성이면서 그 무게감을
느껴보려 노력한다
이해하기 쉽지 않다고
어린아이 작품 같다고
폄하하지 않는다

사람도 마찬가지
이해하기 어렵다고
그냥 지나치지 말고
애정 어린 눈길로
한참 동안 바라다보길
이해할 수 없다고
가볍게 여기지 말고
무겁게 존중하여
조심스럽게 바라보길
애들 같다고 나무라지 말고
오히려 이해 못 하는

자신을 나무라길

덧칠

스스로 덧칠을 한 것 같다
덕지덕지 핑크빛으로
원래의 바탕색은
가난한 블루였겠지
살만한 척 조금은 여유도 있는 척

원래의 바탕색은
여유가 없는 검정색이었지
여유가 있는 흰색으로
꼼꼼히 덧칠을 하였지
유유자적 산수화도 그려 넣고
검은색 눈물이 보이지 않게
흰색에 검정 얼룩은
보기에도 안 좋으니까

이제 덧칠을 벗겨야겠지
쫓겨나 쫓겨날 일 없고
모으려야 모을 재산도 없으니
덕지덕지 두껍게 덧칠한

핑크색이며 흰색을
지우개로 지우든 칼로 긁어내든
어떻게든 다 지워 버려야겠지

덧칠이야 어떻게 지울 수 있다 해도
바탕색은 지우기 어려울 거야
뼛속까지 물들어 있으니
하지만 바탕색까지 지우고 싶다

투명하게 깨끗해져서
엄마 뱃속으로 들어가고 싶다

밀당 2

진실로 좋아하는 마음이 생기면
성급하게 속마음 터놓지 말길
그 마음 상처 입을 수도 있으니
조심스럽게 천천히 꺼내놓길
받을 준비가 되어있을 때

진실로 좋아하는 마음을 받게 된다면
성급하게 고맙다고 말하지 말길
그 마음 다칠 수도 있으니
조심스럽게 천천히 받기를
마음에 소중한 공간이 생길 때

진실로 좋아하는 마음은
부서지기가 쉬워서
간직할 곳을 잘 찾아야 하니까
소중하게 보관하여야 하니까
밀당 없는 사랑은 없으니까